AF299507

LE
DIX-NEUVIÈME SIÈCLE
A L'OEUVRE.

(*National*, 27 décembre.) La destruction de Mascara n'a fait que commencer la guerre à mort contre les populations arabes : et la guerre contre une nationalité barbare ou civilisée peut mener fort loin.

(*Rapport sur le Budget de la Guerre*, 1834.) Au développement de la colonisation agricole, s'attacherait une fatale et détestable nécessité, celle d'expulser et d'exterminer les indigènes.

PARIS,

A. PIHAN DE LA FOREST, IMPRIMEUR,
Rue des Noyers, 37.

1836.

En 1830, en 1835, terreur, horreur, se passent la plume, mais en vain.

Fausse gloire, fausse honte leurrent la conscience, fraudent la raison.

D'abord, armée de terre, armée de mer, jetées à travers les plus sinistres chances, et perdues, sauf cet amiral.... *qui met un frein à la fureur des flots*, sauf ce Musulman.... *qui pour sa foi, manque à braver la mort.*

Puis des milliers de Français, martyrs d'hôpital, plutôt que de combat; des milliers d'Africains, victimes de massacre, plutôt que de guerre.

Et mosquées, sépulcres violés; et propriétés spoliées, indigènes expulsés; et bestiaux enlevés, campemens incendiés; et pays à feu et à sang : mode tout nouveau de civilisation ! mode très ancien de colonisation !

Arrière Botani-Bay où sont expédiés, gens saturés de vols, blasés sur les joies du crime, et appris par la peine, et dispos au repentir.

A Alger, tout au rebours.

Et, car c'est vétille, justement le jour de la saint Nicolas, fête de Russie, dit-on, fête de Barbarie mieux encore, entrée à Mascara, portes au grand ouvertes, sortie de Mascara, flammes éclairant la route.

Praga brûlée, Mascara brûlée, côte à côte posées, attendent le burin implacable de l'histoire.

Ainsi l'impossible à poursuivre, à relancer, mène où on ne sait, où on ne veut.

Eh ! qu'on rende Alger à Mahmoud, civilisateur aussi de première volée, à coups de canon.

Qu'on garde Bone, s'il plaît de donner aux Anglais un superbe port, où bloquer hermétiquement nos flottes.

Cela fait, qu'on songe à la France, qu'on serve la France, qu'on sauve la France.

Honneur, devoir, intérêt, tout est là.

« Et on prétendrait nous marchander les lauriers
« de la monarchie ! Le drapeau tricolore avait–il
« seul le droit de prodiguer l'or et le sang de la
« France ? » (*Quotidienne*, 12 février 1830.)

Qui donc pense à pousser la légitimité sur les
voies de l'usurpation? Celle-ci, contrainte à se jeter
à travers tous les hasards, privée qu'elle était d'un
point d'appui dans le temps et sur le sol ; celle-là,
réduite à mendier les faveurs douteuses de la vic-
toire comme par procuration, et vouée à pleurer
sur ses triomphes, à succomber sous ses revers.

Eh! le drapeau blanc n'a pas le droit de prodiguer l'or et le sang de la France, pas plus que ne
l'avait le drapeau tricolore: encore c'était pour l'un,
un besoin de les verser à flots redoublés, comme
c'est pour l'autre, un devoir de les ménager avec le
plus grand scrupule.

Dans cette guerre déclarée sans aucun motif plau-
sible, l'opinion ne verra qu'une tentative pour
éblouir le parti ennemi, pour s'étourdir sur de noirs
pressentimens, pour obtenir la sauve-garde de
quelque délai.

Telle est la vérité, si rude, si dure qu'il n'est
peut-être qu'un homme disposé à la dire, et qu'ainsi
il est un homme obligé à la dire.

L'affaire d'Alger est ressuscitée de la nuit de l'oubli, est remise en lumière.

Triste affaire, où la plus grossière insulte n'a été payée que d'un coup d'éventail, au lieu qu'elle était de nature à faire jeter l'insolent par les fenêtres, où cette influence calamiteuse des journaux, qui, dans tout sens, tend à perdre la France, a seule empêché le ministère de contraindre le coupable à faire des excuses.

Triste affaire, où le dey se tient pour attaqué en son honneur, soit par l'affront que lui fit le consul, soit par les vengeances que la France exerce contre lui ; et, suivant la loi, la coutume musulmane, verra périr d'un œil sec, et sa ville, et son trône, et sa personne même, plutôt que de fléchir.

Triste affaire, où, bien qu'on n'y songe pas, les destinées du cabinet et de la monarchie, et de la société chrétienne, vont être remises à la discrétion du sort, trop souvent malencontreux, sur ces mêmes plages de Barbarie, ou périt le saint roi.

Non, sauf que la dignité de la couronne, sauf que la sécurité du pays ne commandent, vous n'avez pas, le droit d'envoyer à la mort, un nombre plus grand qu'on ne pense, de ces malheureux enlevés à leurs familles, enchaînés dans les rangs.

Non : et l'humanité, la religion vous crient que ces vies si précieuses aux fins de l'Éternel qui les créa, n'ont point été mises à la disposition d'un caprice.

Non : et vous ne le voulez pas vous-mêmes, c'est-à-dire vous ne le voudriez pas, d'une pensée qui, pour fournir de justes notions à la volonté, se serait transportée sur les champs de bataille , parmi les travaux de siége , se serait élancée à travers l'avenir, jusqu'au jour de la rentrée des troupes.

Qu'on règle le bilan de l'expédition de Morée : tant de morts, tant de blessés , tant de perclus! et qu'on demande aux ordonnateurs : Aviez-vous dressé le compte d'avance? auriez-vous opéré à un tel prix ?

Je vous félicite au sujet des nouvelles d'Alger : non pas que je me reconnaisse en tort , pour avoir blâmé cette entreprise ; le sort qui a bien servi, pouvait servir mal : je n'estime pas que la monarchie soit tellement compromise qu'il ne reste qu'à la jouer sur une carte.

Alger vous enchaîne au timon des affaires. Le vent donne en poupe ; l'équipage sera tenté de forcer de voiles, ne se doutant pas des bas-fonds hérissés d'écueils.

Je craignais l'infortune : elle abat les faibles cœurs et trouble les esprits légers.

Je crains plus la fortune. La tête française est aussitôt saisie d'enivrement ; le présent qui sourit voile l'avenir qui gronde. L'ennui prend à ne faire qu'user ; la vanité entraîne à abuser.

Restez donc en place, vous qui seul fûtes doué de ce grand sens, ou s'il vous plaît mieux, de ce sens droit ; auquel il est réservé de réprimer l'impatience de l'ame, qui trop souvent compromet ses fins en s'efforçant de les atteindre avant le temps. (*Lettre à M. de Montbel.*)

La conquête d'Alger a changé la face des choses.

Déja l'inquiétude s'est changée en un excès de confiance ; les mesures jusque là timides menacent de faire place à des actes inconsidérés.

Je n'ai plus qu'à prêcher la sagesse et la prudence, la circonspection au dernier point.

C'est encore à vous que s'adressent mes conseils, mes suppliques.

L'homme fort reste toujours le même, indomptable sous le coup des revers, impassible à l'ivresse des succès ; et ne pliant point devant les exigences périlleuses, ne se prêtant point aux vaniteuses espérances.

L'homme fort n'est ni ébloui, ni atterré par l'influence du moment présent, sachant trop bien que l'avenir a l'habitude d'apparaître en sens opposé.

Vous trouverez ci-joint mon opinion sur le parti à tirer de la conquête d'Alger, de cette faveur du ciel, la dernière peut-être. (*Lettre à M. de Peyronnet.*)

1833.

Alger, hélas ! signe funèbre, présage sinistre des arrêts de la fatalité ; dont l'apparition enflamma de colère, glaça de terreur, qui gardait encore et de l'ame et du sens.

Pourquoi donc faut-il qu'au cabinet de France, jamais on n'ait rien su, rien vu; jamais on n'ait pensé ou senti; jamais on n'ait agi à propos.

Et maintenant, veuille le ciel extirper l'organe de la mémoire, à ceux qui ayant donné si beau jeu aux ennemis, sont mûrs pour la mort de repentir, de douleur.

— Maintenant, veuille le ciel, gratifier de l'organe de la vue, ceux qui donnant aussi beau jeu à d'autres ennemis, menacent d'être bientôt mûrs au même point.

Le tort est pareil, chez qui conquit, chez qui conserve, la cause étant la même, les effets étant les mêmes.

Eh! qu'on calcule, la balance en main, si quelques heures de plus marquées à la pendule du cabinet ministériel, viennent en équivalent de l'abîme de sang, du gouffre d'argent, qui se creusent, pendant la marche de l'aiguille.

Qu'on remarque, si tel abîme, tel gouffre, doivent se combler, et se fermer, avant qu'il n'y soit enfoui, en totalité, et les vies et les richesses d'Afrique, en quantité, et des vies et des richesses de France.

Certes, Varsovie, Pologne, détachent ce honteux et hideux siècle, de l'ère de la civilisation; et le rejettent au plus loin, sous la date des temps de barbarie.

Mais Alger, mais Afrique, tranchent plus fortement encore : n'annonçant point de terme , point de fin; et de plus, advenant sans aucune raison, sans motif quelconque.

Ici , la mort en action , n'achève rien , n'arrête pas, que de son aile de feu, la contrée au large n'ait été balayée d'existences.

Ici , le ridicule s'alliant à l'horreur , les maîtres du pays, les enfans du sol, sont traités de rebelles par la plume , et en rebelles par le sabre.

Ici , les tribus entières , hommes , femmes , enfans , ont à payer de leur vie , de leur fortune, les actes de vengeance ou de résistance de quelques individus.

De tout cela , qui donc fait cas.

Qui donc en sera frappé , touché avant que la Méditerranée, abreuvée du sang musulman, vienne lancer son écume rougeâtre , sur les mornes et ternes rivages de France.

Pologne , tu es plus à chérir , mais moins à plaindre.

Russie , tu es autant à haïr , mais pas tant à blâmer.

Or , rengorgez-vous en votre gloire , renforcez-vous en vos mesures , bénin autocrate.

Enrôlez et exilez les hommes , enlevez les enfans, affamez les familles , confisquez les biens , détruisez les églises , etc.... etc....

Point de scrupules : la France fait pis.

Autocrate bénin, tenez votre conscience en paix, chassez le trouble de votre ame; et disposez de la Pologne , à votre bon plaisir.

Point de craintes : la France a mieux à faire.

Il lui faut plutôt dévorer par an , sans porter en compte les écus, cinq mille de ses nobles fils, autant de ses valeureux ennemis.

Quel sot , quel niais rôle ce serait pour elle, de laisser à leurs destinées , l'Allemagne , dont la tutèle ne lui fut pas donnée ; l'Italie , où toute révolution serait exterminatrice ; l'Espagne et le Portugal, où la liberté ne pénètre qu'à la pointe des baïonnettes étrangères ;

Et en échange , en balance , de requérir , de conquérir la restauration de la vaillante et pieuse Pologne , après qu'elle a causé tous ses désastres , alors qu'elle y trouverait tant de garanties.

O France , n'avance pas ton oreille au sein de l'Europe , ne plonge pas ton œil aux pages de l'histoire.

De même , l'Europe , l'histoire t'atteignent au front , te marquent en traits indélébiles , de ces deux stygmates sanglans.

Pologne , Afrique : l'une vouée aux tortures , et l'autre aux ravages.

—————

1834.

Ministres, députés, écrivains, le savez-vous, y songez-vous ?

A Bone, suivant le rapport, perte de 2,300 hommes; dans un seul régiment, en dix-huit mois, 1,800 hommes. Et sur tous les points, pendant quatre années, peut-être 10, 15, 20,000 hommes.

Mais est-ce donc qu'il a été inféodé à votre caprice, est-ce donc qu'il vous a été concédé en toute propriété, LE SANG DE L'HOMME ?

Faut-il qu'à cause d'Alger, ici, le sang du peuple soit appauvri de plus en plus, par la pompe aspirante de l'impôt, qui le sèvre de nourriture, le dessèche de fatigue ?

Et que là, le sang de la troupe soit versé jusqu'à extinction, tantôt sous le tranchant du sabre, tantôt à la pointe de la lancette ?

Faut-il surtout, car enfin l'octroi qui vous fut fait du sang de l'homme ne s'étend peut-être pas au-delà des limites de votre race, faut-il que les Arabes, Bédouins, Kabayles, tous étrangers aux actes supposés de piraterie, soient égorgés par surprise sous leurs tentes, soient balayés de la terre à coups de mitraille ?

Ministres, députés, écrivains, tel cœur de roche ou de boue dont votre être soit lesté, vous ne résisteriez pas à l'aspect des cadavres palpitans, des femmes éplorées, des enfans délaissés, et des demeures incendiées, des moisssons dévastées, des bestiaux enlevés.

Voyez cela : et votez que cela dure, que cela s'aggrave, que cela ne cesse jamais.

Voyez cela : et écoutez les sophismes banaux.

« Nul ne le nie. Alger est le siége des exactions
« et des spoliations, le siége des rapines et des ra-

« vages, le siége du massacre impuni et de l'assas-
« sinat vengeur.

« Qu'importe? c'est une question d'honneur na-
« tional : on dirait que l'Angleterre en a exigé
« l'abandon : Périssent plutôt tout l'argent du pays,
« tout le sang du peuple. »

Comme s'il n'était pas clair, sauf que la vue soit
trouble, que l'Angleterre, en la tenant pour amie,
n'aspire pas à châtrer la fortune de la France, si
fortune il y a.

Que l'Angleterre, en la prenant pour ennemie,
ne répugne pas à laisser la France s'épuiser en perte
d'hommes et d'écus, si perte il y a.

« Qu'importe? il y va de la gloire de la France :
« Alger pris d'assaut, l'Afrique mise à ses pieds,
« tout un continent conquis, tout un Océan as-
« servi; et la renommée courant le monde, et
« l'histoire retentissant à jamais. »

Comme si, en fait de gloire et de renommée, la
France ne s'était pas assez enrichie; justement,
ainsi qu'en fait de joies et de jouissances, elle s'était
appauvrie.

Comme si la pensée d'Alger, grandiose et trans-
cendante au premier aspect, ne devenait pas à la
seconde vue gigantesque, extravagante; d'abord
quelque peu au-dessus du génie de Napoléon, ensuite presque au niveau de l'instinct d'Attila.

« Qu'importe? ouvrez les yeux, voyez le café et
« le sucre, l'indigo et la cochenille, le poivre et le
« gingembre, accourir à nos cris; voyez les Deux-
« Indes, ornées des plus brillans dons de la nature,

« s'implanter sur le sol africain, sol vierge, s'il en
« fut jamais. »

— Comme si le métier des colons n'était pas sur ses
fins, partout désormais vivant de secours et tenu
à l'aumône ; comme si, au lieu de coudre au bout
de la France une alonge à fruits du tropique, il n'y
avait pas plutôt à tourner et retourner sa propre
terre, à porter au double une fécondité intarissable.

1835.

On prenait Alger pour conquérir une égide au
trône, qui le lendemain a été frappé de la foudre.

On prenait Alger pour se venger d'un coup d'éventail du dey, en réponse à une insulte qui était de
sorte à faire jeter le consul par les fenêtres.

On prenait Alger afin de détruire le nid de pi-
rates prétendus ; en place duquel s'est ouvert le
plus vaste champ de massacres, de ravages.

On prenait Alger afin de briser la chaîne de quelques centaines de chrétiens; en échange de laquelle
s'est creusée une vaste fosse, à enfouir des milliers
de Français, des milliers d'indigènes.

Et on garde Alger dans la crainte que l'Angleterre ne se vante d'avoir exigé l'abandon ; tandis
que l'Angleterre étant amie, se rit des folles dépenses,
étant ennemie, se réjouirait des pertes sèches.

On garde Alger, comme en l'attente, qu'à l'instar

du paradis terrestre, le sucre et le café, l'indigo et la cochenille, le poivre et le gingembre se hâteront de lâcher leurs fruits dans la main : alors que les colonies, sauf en un pays libre et sur un sol vierge, n'offrent point d'asile à l'émigration, et déjà coûtent à peu près sans retour quarante millions par an ; alors que la liberté du commerce illimitée en ce cas, prendrait charge d'amener ces divers produits, des lieux où ils poussent naturellement.

On garde Alger dans l'idée de se donner de la gloire, rétroactivement parlant ; comme si en arrière des temps, il n'était pas advenu assez et trop de gloire, dont les profits sont mis à néant et les sacrifices pèseront à jamais ?

Certes, cela coûte au tendre cœur du siècle, et que les maîtres du pays, les enfans du sol, soient traités de rebelles par la plume, en rebelles par le sabre, et que les tribus entières aient à payer de leur vie, de leur fortune, quelques actes de vengeance ou seulement de résistance de tel et tel individu, et, autant qu'il paraît, que la mort n'ait pas à s'arrêter, à se reposer, avant que de son aile de feu l'immense contrée n'achève d'être balayée de toute existence.

Certes, cela coûte à l'esprit juste du siècle, que de cette façon, on vienne sanctifier, canoniser en Afrique les horreurs sans terme commises en Pologne, et délivrer en due forme à l'autocrate surpris, le duplicata du brevet d'exterminer les hommes, de spolier les familles, de renverser les temples ; et lui remettre la conscience en paix, lui rendre au cœur l'innocente joie, même lui souffler la force d'ame, de mener à sa digne fin l'œuvre à peine ébauchée.

Mais des vues transcendantes prédominent.

C'est clair. La France regorgeait de civilisation, au point d'être contrainte à en déverser quelque part le trop plein : et la France se décide à l'exporter au plus loin, en lieu sauvage et isolé ; de sorte que la réimportation soit impossible.

C'est clair. La France se sentait tourmentée d'une exubérance de loyauté, de moralité à ne savoir plus quel emploi en faire dans les contrats, dans les rapports : et la France, avec l'espoir d'en opérer peu à peu la cure, prend le parti d'exposer une part de ses enfans au contact des tentations cupides.

C'est clair. La France voguait tous les ris dehors, dans les eaux de l'humanité, non sans crainte de manquer la passe du port de repos : et la France, afin d'échapper au péril imminent, se résigne à louvoyer sous petite voile, dirigeant le cap vers les côtes (si bien nommées) de Barbarie.

A ce sujet, la plume brûle, l'encre bout : tant est vive l'affection, que le sentiment n'a pas à se traduire en pensée, ni la pensée à se revêtir de paroles.

Et qu'on ne s'y trompe pas.

En la pleine moisson d'horreurs dont il y a à se repaître, sans doute le pouvoir apporte son lâche tribut ; alors que la peur de je ne sais quoi, de je ne sais qui, l'entraîne, sans parler de la subversion d'une terre étrangère, de la destruction d'un peuple.

indigène, d'abord à faire périr sur le sol empesté, des milliers de Français par an, de Français conscrits par une loi partiale et conscrits seulement pour la défense du pays ; ensuite à laisser se perdre dans le gouffre insatiable, des trentaines de millions formés de petite monnaie extraite des sueurs ainsi infécondes, soustraite à la subsistance déjà insuffisante : délits, forfaits, qui sont d'un ordre si haut, qu'à peine la conscience est de force à s'en créer une juste idée, et que le blâme inepte aussi omet d'atteindre au point requis.

Pourtant ce qui étonne le plus, oppresse le plus, c'est le langage des journaux de l'opposition, qui faisant abstraction du sang répandu, de l'or arraché, et tenant hors de ligne, hors de vue, tant d'existences qui avaient encore, qui n'ont plus à respirer l'air de vie, à jouir du charme de vie, et tant d'autres existences qui étaient à l'aise et en joie, qui n'y sont plus, au sein de la famille élevée avec tant de peine ; ne conçoivent, ne saisissent en Alger, qu'un outil à attaquer, qu'un lévier à ébranler les siéges du pouvoir, et sans réserve, sans scrupule complotent la perte du cabinet, sur les ruines de l'Afrique.

C'est surtout, quant à la part qu'elles y prennent, le langage des feuilles dites royalistes, qui naguère ne se faisaient faute de gloire à l'usage du trône, au prix du sang prêt à rejaillir sur lui, qui maintenant, après sa chute amenée par elles, devraient enfin sentir que si le trône n'avait pour se consolider qu'à rechercher l'appui des sentimens, à

plus forte raison, il n'aurait pour se rétablir, qu'à
espérer dans le retour des sentimens.; et qui, en
dépit de toute humanité, de toute loyauté, s'obsti-
nent, s'acharnent par l'emploi des moyens de honte,
à forcer le pouvoir d'entretenir à jamais cette plaie
dévorante en existences, en fortunes, en mœurs,
cet ulcère d'Alger.

Imp. d'A. Pihan de la Forest, rue des Noyers, 57.